BEI GRIN MACHT SICH WISSEN BEZAHLT

- Wir veröffentlichen Ihre Hausarbeit,
  Bachelor- und Masterarbeit

- Ihr eigenes eBook und Buch -
  weltweit in allen wichtigen Shops

- Verdienen Sie an jedem Verkauf

Jetzt bei www.GRIN.com hochladen
und kostenlos publizieren

Cornelia Verdianz

Schulsozialarbeit Kärnten

Selbst- und Fremdwahrnehmung anhand des Mediums Fotografie

GRIN Verlag

Bibliografische Information der Deutschen Nationalbibliothek:

Die Deutsche Bibliothek verzeichnet diese Publikation in der Deutschen National-bibliografie; detaillierte bibliografische Daten sind im Internet über http://dnb.d-nb.de/ abrufbar.

Impressum:

Copyright © 2010 GRIN Verlag GmbH
Druck und Bindung: Books on Demand GmbH, Norderstedt Germany
ISBN: 978-3-656-17326-7

Dieses Buch bei GRIN:

http://www.grin.com/de/e-book/192369/schulsozialarbeit-kaernten

GRIN - Your knowledge has value

Der GRIN Verlag publiziert seit 1998 wissenschaftliche Arbeiten von Studenten, Hochschullehrern und anderen Akademikern als eBook und gedrucktes Buch. Die Verlagswebsite www.grin.com ist die ideale Plattform zur Veröffentlichung von Hausarbeiten, Abschlussarbeiten, wissenschaftlichen Aufsätzen, Dissertationen und Fachbüchern.

Besuchen Sie uns im Internet:

http://www.grin.com/

http://www.facebook.com/grincom

http://www.twitter.com/grin_com

Schulsozialarbeit Kärnten

Selbst- und Fremdwahrnehmung
anhand des Mediums Fotografie

Bachelorarbeit 2

zur Erlangung des akademischen Grades
Bachelor of Arts in Social Sciences

an der Fachhochschule Kärnten
Fachhochschul-Studiengang Soziale Arbeit

Vorgelegt von:
Cornelia Verdianz

Feldkirchen, Dezember 2010

Inhaltsverzeichnis

1. Einleitung

Im Rahmen meines Bachelor Studiums der Sozialen Arbeit an der Fachhochschule Kärnten/Standort Feldkirchen absolvierte ich in der Zeit vom 30. August bis 19. November 2010 das zwölfwöchige Berufspraktikum (35 Stunden/Woche) bei der Schulsozialarbeit Kärnten.

Die vorliegende Arbeit beinhaltet eine detaillierte Institutionsanalyse, aus welcher die Ausgangsituation, das Handlungsfeld, die Ziele sowie die strukturellen, fachlichen und personellen Rahmenbedingungen der Schulsozialarbeit Kärnten ersichtlich werden. Anzumerken ist, dass es sich bei der Schulsozialarbeit Kärnten um ein dreijähriges Pilotprojekt handelt, welches sich wesentlich – durch Trägerschaft und die Qualifikation der MitarbeiterInnen von den anderen Institutionen und Projekten in Österreich, welche sich ebenfalls als Schulsozialarbeit bezeichnen, unterscheidet. Genaueres dazu findet sich in der Institutionsanalyse im Abschnitt „Personelle Ressourcen" sowie im Kapitel „Beschreibung der Tätigkeiten im Praktikum". In diesem Kapitel werden die mir zugeteilten sowie die von mir ausgewählten Tätigkeiten beschrieben und im Anschluss daran kritisch reflektiert. Im vierten Kapitel wird das von mir durchgeführte Fotoprojekt, welches der vorliegenden Arbeit auch ihren Namen verdankt „Selbst- und Fremdwahrnehmung anhand des Mediums Fotografie", theoretisch erklärt und es folgt eine Projektbeschreibung und –auswertung sowie eine anschließende Reflexion des Projekts. Im vorletzten Kapitel wird das gesamte Berufspraktikum von mir reflektiert und die Arbeit endet mit einer kurzen Zusammenfassung der Bachelorarbeit 2.

2. Institutionsanalyse

2.1 Ausgangssituation

Nach einer langjährigen Diskussion in Kärnten über die Zuordnung des Trägers der Schulsozialarbeit, startete am 1. April 2008 das Pilotprojekt Schulsozialarbeit Kärnten mit einer fünfmonatigen Vorbereitungsphase. In dieser sollten „die Voraussetzungen für einen Start zum Schulbeginn im Herbst 2008 geschaffen werden." (Konzept Schulsozialarbeit 2007, S. 5) Dafür waren zwei MitarbeiterInnen angestellt, welche an der Bundeshandelsakademie Klagenfurt arbeiteten. Es gab eine vorgegebene Liste mit Standorten für Schulsozialarbeit. Bei der Einteilung wurde darauf geachtet, dass Interesse seitens der DirektorInnen bestand und dass sich die Standorte im städtischen und ländlichen Bereich befanden. Ursprünglich waren für das Team der Schulsozialarbeit Kärnten drei MitarbeiterInnen vorgesehen, aufgrund des großen Interesses sind es zum jetzigen Zeitpunkt acht MitarbeiterInnen an sechs Standorten und acht Schulen. Beteiligte Schultypen sind: Vor- und Volksschule, allgemeine Sonderschule, Hauptschule beziehungsweise neue Mittelschule, Bundeshandelsakademie und Fachberufsschule.

2.2 Träger und Finanzierung

Trägerverein der Schulsozialarbeit Kärnten sind die Kinderfreunde Österreich Landesorganisation Kärnten. Finanziert wird das Pilotprojekt von Seiten der Kärntner Landesregierung – Abteilung 13 (Abteilung für Soziales, Jugend, Familie und Frau) für die gesamte Projektlaufzeit von drei Jahren (01.04.2008 – 30.11.2011). Die Ausübung der fachlichen Aufsicht obliegt der Abteilung 13.

2.3 Leitbild der Schulsozialarbeit Kärnten

„Unsere wichtigsten Aufgaben sind, die Qualität des Miteinanders an Schulen zu verbessern und Schulsozialarbeit im Schulalltag zu verankern. Wir orientieren uns an den Kinder- und Menschenrechten und treten dafür ein, die darin vermittelten Werte den Schülerinnen und Schülern bewusst zu machen und gemeinsam zu leben. Wir sind ein Team aus 8 Mitarbeiterinnen und Mitarbeitern mit unterschiedlichen Qualifikationen und reichhaltiger Berufserfahrung. Wir zeichnen uns aus durch ein hohes Engagement und der Bereitschaft uns fachlich und persönlich weiterzuentwickeln. Die Qualität unserer Leistungen und das Geheimnis unseres Erfolgs werden bestimmt durch den wertschätzenden Umgang mit den Menschen innerhalb und außerhalb unseres Teams. Wir gehen auf die Bedürfnisse der Schülerinnen und Schüler lebensweltbezogen und ressourcenorientiert ein. Schulsozialarbeit will den Lebensraum Schule aktiv zu einem Ort des ganzheitlichen Lernens mitgestalten. Wir sprechen alle Menschen an, die in der Schule lernen und arbeiten. Wir bieten an, gemeinsam nach hilfreichen Lösungen zu suchen und unterstützend zu begleiten. Wir sehen in der Präventionsarbeit eine wesentliche Möglichkeit Problemen und Krisen vorzubeugen. Daher sind wir bemüht für die aktuellen Themen der Kinder und Jugendlichen ein offenes Ohr zu haben und mit ihnen gemeinsam genauer hinzusehen. Schulsozialarbeit sieht sich als notwendige Ergänzung des Schulsystems und versteht sich als Bindeglied zwischen behördlicher und offener Jugendwohlfahrt. Wir setzen uns aktiv für eine gelingende Kooperation ein." (Eggert/Ganzer 2010)

2.4 Handlungsfeld und Zielgruppe

„Schulsozialarbeit ist ein eigenständiges Handlungsfeld der Jugendhilfe, das mit der Schule in formalisierter und institutionalisierter Form kooperiert. (...) Dazu adaptiert Schulsozialarbeit Methoden und Grundsätze der Sozialen Arbeit auf das System Schule." (Drilling 2009, S. 14)
Zielgruppe der Schulsozialarbeit sind SchülerInnen aus unterschiedlichsten Altersgruppen wie Kinder, Jugendliche, junge Erwachsene und Erwachsene,

wobei der Schwerpunkt bei Kindern und Jugendlichen liegt. Vor allem in den Fachberufsschulen finden sich SchülerInnen, die zur Altersgruppe der Erwachsenen zählen, da es sich bei dieser Schulform um eine Pflichtschule handelt. Weitere Zielgruppen sind Eltern und Erziehungsberechtigte sowie LehrerInnen.

2.4.1 Problemlagen der Zielgruppen

Bei den Problemlagen der Zielgruppen handelt es sich um: Mobbing, Selbst- und Fremdgefährdung, Delinquenz, Probleme im Zusammenhang mit dem familiären und sozialen Umfeld, Sucht (wie Drogen, Alkohol, et cetera), Gewalt, Schulprobleme (wie Schulwechsel, Auffälligkeiten im Unterricht, Lernschwierigkeiten, Unterrichtsverweigerung, Unzufriedenheit mit LehrerInnen, et cetera), Persönlichkeitsentwicklung und –kompetenz (wie Kommunikation, Gruppendynamik, Klassengemeinschaft, Werte und Haltungen, et cetera), Migration und Integration (wie Ausgrenzung, Sprache, et cetera), Politischer Radikalismus.

2.5 Ziele

„Schulsozialarbeit setzt sich zum Ziel, Kinder und Jugendliche im Prozess des Erwachsenwerdens zu begleiten, sie bei einer für sie befriedigenden Lebensbewältigung zu unterstützen und ihre Kompetenzen zur Lösung von persönlichen und/oder sozialen Problemen zu fördern." (Drilling 2009, S. 14)

Zentral sind somit das Lernen von sozialen Kompetenzen, der selbstbestimmte Umgang mit den eigenen Problemen, die Persönlichkeitsentwicklung und die Förderung der eigenen Kompetenzen. Außerdem wird der Umgang mit eigenen Grenzen erprobt. Es wird vor allem nicht an den Schwächen, sondern an den Stärken der SchülerInnen angesetzt. Hilfe zur Selbsthilfe hat hier einen sehr hohen Stellenwert, die SchulsozialarbeiterInnen informieren, begleiten und vernetzen sich beziehungsweise leiten an andere Institutionen weiter.

Ein wesentliches Ziel ist die Prävention in Bereichen wie Mobbing, Selbst- und Fremdgefährdung, Delinquenz, Sucht, Gewalt, Migration und Schulproblemen (zum Beispiel Schulwechsel, Schulverweigerung).

Schulsozialarbeit beinhaltet die Arbeit mit SchülerInnen, LehrerInnen und Eltern/Erziehungsberechtigten, es wird daher versucht, „durch sozialarbeiterische und sozialpädagogische Betreuungsangebote jene SchülerInnen und Eltern zu unterstützen, die diese Hilfe punktuell und auch über eine längere Periode brauchen. Dabei soll es zu einer Zusammenarbeit zwischen LehrerInnen, SchulsozialarbeiterInnen, SozialpädagogInnen und in weiterer Folge auch von Beratungs- und Serviceeinrichtungen der Jugendwohlfahrt und der öffentlichen Hand kommen." (Konzept Schulsozialarbeit 2007, S. 3)

Überprüft wird die Zielerreichung durch quantitative und qualitative Evaluierungen, die extern seitens der Fachhochschule Kärnten für Soziale Arbeit (quantitativ) und der Alpen-Adria-Universität Klagenfurt Institut für Erziehungswissenschaft und Bildungsforschung (qualitativ) durchgeführt werden. Die eigene Dokumentation dient der internen Evaluierung und wird für statistische Zwecke verwendet.

2.6 Fachliche Aspekte

„Die Schulsozialarbeit verknüpft einzelfall- und gruppenbezogene Problemtinterventionen mit offenen, präventiv ausgerichteten Freizeit- und Betreuungsangeboten. Die methodischen Elemente der Schulsozialarbeit sind entsprechend vielfältig, beziehen sich auf SchülerInnen, LehrerInnen und Eltern und können im Einzel-, Gruppen- oder Klassen- sowie offenen Setting angewendet werden." (Konzept Schulsozialarbeit 2007, S. 8)

Die jeweils angewandten Methoden sind von den Ausbildungen der MitarbeiterInnen der Schulsozialarbeit abhängig. Da es sich um ein Pilotprojekt handelt, was unter anderem bedeutet, dass in der Anfangsphase auf keine Erfahrungswerte zurückgegriffen werden kann, müssen seitens der MitarbeiterInnen verschiedenste Methoden erprobt und reflektiert werden, um feststellen zu können, ob diese auch sinnvoll beziehungsweise zielführend sind.

Beispiele für Angebote/Methoden der Schulsozialarbeit sind:

Persönliche Beratung, Prävention zu spezifischen Themen, unterstützende Maßnahmen zur Persönlichkeitsentwicklung, Berufsorientierung, Krisenintervention und –begleitung, themenspezifische Projektarbeit in Klassen, Pausenaktionen (Jonglieren), spezifische Nachmittagsangebote (zum Beispiel Basteln) und Hospitieren in Klassen.

Die Schulsozialarbeit agiert vor Ort (Schule), inner- und außerhalb des Unterrichts, basierend auf Freiwilligkeit, Niederschwelligkeit, Vertraulichkeit (Schweigepflicht), Gleichbehandlung und Integration beziehungsweise Reintegration. (vgl. Konzept Schulsozialarbeit 2007, S. 8)

2.6.1 Vernetzung

Vernetzung findet statt, wenn die Problematik der Zielgruppe nicht mehr in den Aufgabenbereich der Schulsozialarbeit fällt beziehungsweise wird weitervermittelt, wenn es sich um ein Spezialgebiet handelt, mit dem die Schulsozialarbeit nicht vertraut ist. Vernetzt wird auch, wenn Vorträge zu spezifischen Themen (Gewalt- und Suchtprävention, ...) in Klassen erwünscht sind, für die ProfessionistInnen eingesetzt werden können.

Von Zeit zu Zeit finden Vernetzungstreffen mit den zuständigen Jugendämtern statt, in denen man sich über KlientInnen austauscht. Liegt eine Kindeswohlgefährdung vor, nimmt die Schulsozialarbeit augenblicklich Kontakt mit dem zuständigen Jugendamt auf.

Die Schulsozialarbeit kooperiert schulextern mit: Jugendämtern, Magistrate, Bezirkshauptmannschaften, Kinder- u. Jugendanwaltschaft, Landesstelle für Suchtprävention, Neustart, Gewaltschutzzentrum, Streetwork, Kriseninterventionszentrum, AllgemeinmedizinerInnen und PsychotherapeutInnen, Jugendnotschlafstelle, Frauenberatung, Frauenhäuser, Landeskrankenhaus Klagenfurt Abteilung Neuropsychiatrie.

Schulintern kooperiert die Schulsozialarbeit mit: Schularzt/Schulärztin, Schulpsychologe/Schulpsychologin, Schulmediation, BeratungslehrerInnen, VertrauenslehrerInnen, Landesschulrat/Landesschulrätin, Bezirksschulrat/ Bezirksschulrätin, an den Berufsschulen auch mit den Firmen der SchülerInnen für Firmenkontakte und -besuche).

2.6.2 Konzept

Schulsozialarbeit verfügt über ein schriftlich ausgearbeitetes Konzept, welches folgende Punkte beinhaltet:

Ausgangssituation, Intentionen, Vorbereitungsphase, Start up, Ziel, Methoden und Prinzipien, Projektträger, beteiligte Schulen, Aufgaben und Organisation, Vernetzung und Weiterleitung, Zusammenarbeit und Begleitung, Personelle Ausstattung, Raumangebot, technische Rahmenbedingungen und Ausstattung, Projektlaufzeit, Finanzplan, wissenschaftliche Begleitung und Evaluation und Berichtwesen.

2.7 Personelle Ressourcen

Das Team der Schulsozialarbeit Kärnten setzt sich aus acht MitarbeiterInnen zusammen: drei Sozialarbeiterinnen (zwei Vollzeit, eine Teilzeit), drei Sozialpädagogen (Vollzeit) und zwei Sozialpädagoginnen (Teilzeit). Im ursprünglichen Konzept waren nur SozialarbeiterInnen für die Mitarbeit am Pilotprojekt vorgesehen. Da an den Schulen gemischt geschlechtlich gearbeitet wird, sich unter den (männlichen) Mitarbeiter-Bewerbungen jedoch keine Sozialarbeiter befanden, wurden auch Sozialpädagogen angestellt.

Die MitarbeiterInnen sind jeweils zu zweit (Mann/Frau), an ein bis zwei „Tagen pro Woche zu fixen Zeiten in der Schule anwesend, um eine präsente und kontinuierliche Anlaufstelle zu gewährleisten (...)." (Konzept Schulsozialarbeit 2007, S. 14)

Die Aufgaben der MitarbeiterInnen setzen sich wie folgt zusammen:

Entwicklung des jeweiligen Teamstandorts, Umsetzung des Entwickelten, Schulsozialarbeit umsetzen und eine Form finden, die auf ganz Kärnten umlegbar beziehungsweise umsetzbar ist.

Die Leitungsfunktion der Schulsozialarbeit lässt sich in zwei Aufgabenbereiche teilen: Die fachliche Leiterin ist für die Projektentwicklung zuständig, sie ist auch an einer Schule tätig. Der stellvertretende Leiter ist verantwortlich für das gesamte Team und ist selber an zwei Schulen tätig.

2.8 Strukturelle Rahmenbedingungen

Die schulische Kernanwesenheitszeit ist von 7:30 bis 13:00 Uhr beziehungsweise bis 17:00 Uhr an vier Tagen der Woche. Außer der Volksschule (nur Dienstag) und einer Hauptschule (nur Montag) werden alle beteiligten Schulen an zwei Tagen pro Woche betreut (Montag und Dienstag beziehungsweise Donnerstag und Freitag). Den SchulsozialarbeiterInnen stehen an allen Schulstandorten eigene Büros zur Verfügung, welche unterschiedlich ausgestattet sind. Der Mittwoch wird als Teamtag (im Hauptbüro) für spezifische Arbeiten verwendet (siehe oben Punkt Teambesprechung).

Jede/r SchulsozialarbeiterIn besitzt ein eigenes Handy, auf welchem er/sie auch außerhalb der Kernanwesenheitszeiten erreichbar ist. Es können somit auch Termine im Hauptbüro oder extern vereinbart werden. Jede/r MitarbeiterIn verfügt über eine eigene Emailadresse, über die auch Kontakt aufgenommen werden kann. 50% der MitarbeiterInnen können in den Schulen ins Internet, die anderen können ihre Emails nur mittwochs im Hauptbüro abrufen. Die Schulsozialarbeit ist auch auf Facebook im Internet vertreten.

2.8.1 Supervision/Intervision/Teambesprechung

Die Supervision findet alle vier bis sechs Wochen statt und wird von einem externen Supervisor angeleitet. Die Leitung nimmt an der Supervision teil.

Jeden Mittwoch gibt es eine Teambesprechung, in welcher die folgende Punkte bearbeitet werden: Wochenberichte besprechen, Organisation (Zeiterfassung, Urlaub, ...), Planung und Vorbereitung von Klassenaktionen und – projekten innerhalb der Zweierteams, Dokumentation der Fälle, das Erstellen der Berichte für Jugendämter – Abgleich mit der Leitung, Fallbesprechungen – Intervision, Vorbereitung und Durchführung von Vernetzungstreffen und Statistik.

2.8.2 Weiter- und Fortbildung

Den MitarbeiterInnen steht jedes Jahr ein gewisser Betrag zur Verfügung, um Weiter- und Fortbildungen besuchen zu können.

2.8.3 Dokumentation

Dokumentiert werden alle Kontakte, die sich in der Schule, telefonisch oder per Email ergeben – SchülerInnenkontakte, LehrerInnenkontakte, Klassenkontakte, DirektorInnenkontakte, Elternkontakte sowie auch KooperationspartnerInnenkontakte (schulintern und -extern). Am Monatsende werden alle Kontakte für statistische Zwecke thematisch erfasst und der Projektleitung sowie den SchuldirektorInnen zur Verfügung gestellt.

2.9 Rechtliche Vorgaben

Das Jugendwohlfahrtsgesetz und das Schulgesetz bilden die gesetzlichen Rahmenbedingungen, welche den beruflichen Alltag der Schulsozialarbeit beeinflussen.

Das Angebot der Schulsozialarbeit steht den Zielgruppen freiwillig zur Verfügung. Erstgespräche mit SchülerInnen sind immer möglich, danach ist jedoch die Einverständniserklärung der Eltern erforderlich. Ohne diese darf nicht mit den SchülerInnen in Einzelsettings gearbeitet werden.

Das Angebot der Schulsozialarbeit basiert auf der Verschwiegenheitspflicht. Während die SchulsozialarbeiterInnen in Schulklassen mit Übungen und Projekten tätig sind, muss eine Lehrperson anwesend sein, dies ist eine Vorgabe des Schulinspektorats.

3. Beschreibung der Tätigkeiten im Praktikum

Da mein Berufspraktikum schon zwei Wochen vor Schulbeginn startete, befasste ich mich in dieser Zeit mit Literatur, die im Hauptbüro vorhanden war. Ich las mich im Speziellen in folgende Themen ein: Lebensweltorientierung, Spielpädagogik, Übungen und Spiele für Schulklassenaktionen (speziell auch zu den Themen Mobbing und Gewalt). Des Weiteren informierte ich mich über die Neue Mittelschule, da ich über diese Schultyp noch wenig wusste.

Am 2. und 3. September 2010 nahm ich am Vernetzungstreffen Schulsozialarbeit in Österreich teil, fotografierte und schrieb das Protokoll für alle TeilnehmerInnen. Daran nahmen SchulsozialarbeiterInnen aus Linz, Wiener Neustadt, Berndorf, Imst, Wien, Judenburg, Hartberg und Kärnten teil. Die gröbsten Unterschiede zur Schulsozialarbeit in Kärnten stellten die verschiedenen Träger (Jugendwohlfahrt, BezirksschulinspektorInnen, Verein, GmbH, Wohlfahrtsverband) dar. Im Gegensatz zu Kärnten, wo auch SozialpädagogInnen angestellt sind, arbeiten in den anderen Bundesländern ausschließlich SozialarbeiterInnen. Die Zahl der beteiligten Schulen war variierte auch sehr (von einer bis hin zu 85). Trotz der hohen Zahl an Schulen jedoch nicht mehr MitarbeiterInnen (maximal 18).

Ab Schulbeginn war ich vier Wochen Beobachterin an einer jeweils anderen Schule, damit ich einen Einblick in die verschiedenen Schulen und Arbeitsweisen bekommen konnte. In dieser Zeit zählten zu meinen Tätigkeiten die Teilnahme bei Vorstellungsrunden der Schulsozialarbeit in den Schulklassen, das Testen eines neuen Spiels und das Fotografieren des Spielablaufs an einer Schule, das Anleiten von Schulklassenaktionen, die Anwesenheit bei Einzelgesprächen, das Erfassen der Gesamtstatistik aller Kontakte für die Schuljahre 2008/09 und 2009/10 und die Teilnahme an Supervision und Teambesprechungen.

Für die restlichen sechs Wochen meines Praktikums wählte ich die zwei Schulen aus, an denen ich jede Woche mitarbeitete. In dieser Zeit begann ich mit der selbständigen Dokumentation von Einzelkontakten und Klassenkontakten. Nachdem ich des Öfteren an Schulklassenaktionen teilgenommen hatte, durfte ich diese auch selbständig anleiten. Folgendes wurde dabei bearbeitet beziehungsweise gefördert: das Kennen lernen der SchülerInnen untereinander sowie auch der SchulsozialarbeiterInnen, die Gewohnheiten der SchülerInnen in Erfahrung bringen, Vertrauensaufbau, das Stärken der Klassengemeinschaft, Teamfähigkeit, über Gefühle sprechen, Persönlichkeitsentwicklung, Förderung der sozialen Kompetenzen, Stärkung des Ich-Gefühls, was gefällt/stört in der Klasse und dies bearbeiten, aufeinander Rücksicht nehmen, Konzentrationsübungen, persönliche Ziele besprechen und Kommunikation trainieren. Vor dem Beginn der Übungen wurde den SchülerInnen erklärt, wozu die Übung durchgeführt und was damit gefördert wird. Am Ende der Übungen wurde über Erfolge und Misserfolge gesprochen und darüber, was von den SchülerInnen und SchulsozialarbeiterInnen beobachtet wurde. Dafür wurden Feedbackregeln wie zum Beispiel aufzeigen, aussprechen lassen und niemanden Auslachen eingefordert.

Viele dieser Übungen wurden auch präventiv von der Schulsozialarbeit angeboten, also ohne das Vorhandensein eines konkreten Problems in der Schulklasse.

Als Pausenaktion wurde in der Hauptschule/Neuen Mittelschule Jonglieren angeboten, auch daran nahm ich teil. Das Jonglieren ermöglicht eine niederschwellige Kontaktaufnahme, Erfolgserlebnisse für die SchülerInnen und die Steigerung des Selbstwerts. Die SchülerInnen können sich gegenseitig das Jonglieren beibringen und damit Verantwortung für den/die andere übernehmen. Außerdem wird die Motorik verbessert, das räumliche Wahrnehmungsvermögen trainiert und beide Gehirnhälften aktiviert.

Die Hauptschule verfügt über einen „Kummerkasten", in diesen können die SchülerInnen Zettel mit ihren Wünschen, Anregungen und Beschwerden werfen. Als ich einmal den „Kummerkasten" entleerte, stand auf einem Zettel der Name eines Schülers und dass er sich ein Gespräch mit uns wünsche. Wir nahmen Kontakt mit der Klassenvorständin auf und fragten, ob der Schüler in ihrer Unterrichtsstunde zu uns kommen könnte. Ich führte das Erstgespräch gemeinsam mit dem Schulsozialarbeiter.

Ich nahm an den wöchentlichen Gesprächen mit dem Direktor der Hauptschule/Neue Mittelschule Feldkirchen teil, in welchen den SchulsozialarbeiterInnen die neuesten Ereignisse/Vorfälle an der Schule mitgeteilt wurden.

In einer Schule war ich auch bei HelferInnenkonferenzen/ Vernetzungstreffen anwesend, in denen mit DirektorIn, LehrerInnen, JugendamtsmitarbeiterInnen, FamilienintensivbetreuerInnen und Eltern über SchülerInnen gesprochen wurde. Die SchülerInnen waren teilweise selbst anwesend bei diesen Gesprächen. Diese Treffen dienten auch dazu, kurze Problemdarstellungen seitens der verschiedenen Personen zu ermöglichen, Vereinbarungen zu treffen sowie die Zuständigkeiten der jeweiligen Personen abzuklären.

An einer Schule nahm ich auch an einem Elternabend teil, an dem sich das Team der Schulsozialarbeit den Eltern der SchülerInnen vorstellte.

3.1 Kritische Reflexion

In diesem Abschnitt werden von mir ausgeführte berufliche Tätigkeiten, aber auch die Tätigkeiten der SchulsozialarbeiterInnen, welche mir besonders aufgefallen sind, analysiert und kritisch reflektiert.

3.1.1 Freiwilligkeit

Theoretisch ist der Zugang der SchülerInnen zum Angebot der Schulsozialarbeit freiwillig, in der Praxis werden SchülerInnen dennoch auch unfreiwillig von Lehrpersonen oder Erziehungsberechtigten an die Schulsozialarbeit verwiesen (wenn beispielsweise der Unterricht massiv gestört wird oder der/die SchülerIn zu Hause negativ auffällt). Evaluationsergebnisse zeigen, dass sich LehrerInnen von den SchulsozialarbeiterInnen erwarten, sich um störende und auffällige SchülerInnen zu kümmern. Die SchülerInnen können jedoch freiwillig entscheiden, ob sie das Angebot der Schulsozialarbeit annehmen wollen oder nicht. Es muss hier zwischen dem Erstkontakt und weiteren Gesprächen differenziert werden. Hierfür müssen SchülerInnen der Schulsozialarbeit ausdrücklich einen Auftrag erteilen. Bei Klassenaktionen, die während des regulären Schulunterrichts stattfinden, sind die SchülerInnen allerdings zur Teilnahme verpflichtet.

„Wenn die Beratungstätigkeit das Selbstvertrauen der Heranwachsenden / Erwachsenen in die Fähigkeit zur Bewältigung ihrer Lebensprobleme wiederherstellen bzw. stärken soll, muss die Initiative zum Aufbau einer Beratungsbeziehung von diesen selbst ausgehen. Sie selbst eröffnen diesen Unterstützungsprozess, indem sie freiwillig auf entsprechende Angebote eingehen." (Braun/Wetzel 2006, S. 146)

Meines Erachtens ist es fragwürdig, ob sich SchülerInnen einer gewissen Altersstufe wirklich trauen, ein Angebot seitens der Schulsozialarbeit abzulehnen. Es handelt sich bei den SchulsozialarbeiterInnen um Erwachsene, die an der Schule tätig sind und die von den SchülerInnen fast ausschließlich (Beobachtung meinerseits) als „Herr Lehrer" oder „Frau Lehrerin" angesprochen werden. Dies weist deutlich auf eine Unterordnung seitens der SchülerInnen hin. Diese Anrede und somit auch das „auf einer

Augenhöhe sein" ändert sich erst nach vielen Klassen- und SchülerInnenkontakten, die SchulsozialarbeiterInnen werden dann zunehmend mit dem Vornamen angesprochen. An diesem Punkt möchte ich zu einem dazupassenden Thema überleiten, der Vertrauensbildung zwischen SchülerIn und SchulsozialarbeiterIn.

3.1.2 Vertrauensbildung

Während meines Praktikums beschäftigte mich des Öfteren die Frage, welche Möglichkeiten es gibt, um Niederschwelligkeit garantieren zu können. Womit kann das Vertrauen der SchülerInnen gewonnen werden, damit diese auch freiwillig das Angebot der Schulsozialarbeit in Anspruch nehmen?

„Der Aufbau einer Beziehung bildet die Grundlage, Hilfestellungen überhaupt erst anbieten zu können. Dabei spielt die Präsenz und die Ansprechbarkeit der Schulsozialarbeit eine grosse Rolle. Häufig entstehen Beziehungen bei zufälligen Begegnungen während der Pause oder im Flur (...)." (Drilling 2009, S. 107)

Positiv bewährt für den Aufbau von Vertrauen haben sich die Vorstellrunden der Schulsozialarbeit, die zu Beginn eines jeden neuen Schuljahrs stattfinden. In den Pausen durch die Schule gehen, um präsent zu sein und das Angebot, mit den SchülerInnen zu Jonglieren, auch damit kann Vertrauen gefördert werden. Vor allem aber die Übungen und Spiele in den einzelnen Klassen sind ausschlaggebend für den Aufbau einer Beziehung zu den SchülerInnen. Eine vertrauensvolle Beziehung kann nicht erzwungen werden, die konstante und verlässliche Anwesenheit der SchulsozialarbeiterInnen kann jedoch leichter dazu führen. Ein Kritikpunkt meinerseits ist, dass es „nur" an einem oder zwei Tagen pro Woche Schulsozialarbeit an den Schulen gibt und damit die oben genannte Anwesenheit nicht zu 100 Prozent gewährleistet werden kann. Es besteht allerdings die Möglichkeit, per Telefon auch an den anderen Tagen Kontakt zu den SchulsozialarbeiterInnen aufzunehmen.

In vielen Schulen beobachtete ich, dass die SchulsozialarbeiterInnen den LehrerInnen immer „nachlaufen" mussten, um Unterrichtsstunden für

Klassenaktionen zu bekommen. Hierbei zeigte sich, wie sehr LehrerInnen von dem Angebot der Schulsozialarbeit überzeugt oder auch nicht waren. Eine Möglichkeit, dem entgegenzuwirken, wäre eine Verpflichtung zur Zusammenarbeit. Es kann aber nie garantiert werden, dass diese auch wirklich erfolgt. Eine andere Möglichkeit wäre, die Schulsozialarbeit fix in den Stundenplan der Schulen zu integrieren – eine Utopie, wenn man sich über die derzeitigen Stundenkürzungen in den Schulen im Klaren ist. An einer Schule wurde zum Zeitpunkt meines Praktikums das erste Mal eine Nachmittagsaktion - zwei Stunden basteln - in unterrichtsfreier Zeit angeboten. Das Angebot wurde von vielen SchülerInnen in Anspruch genommen, was wiederum zeigt, dass auch außerschulische Freizeitgestaltung öfter von der Schulsozialarbeit angeboten werden sollte.

3.1.3 Ist Schulsozialarbeit an den Schulen erwünscht?

An zwei Schulen fragte ich mich des Öfteren, warum diese Schulen das Privileg hatten, Schulsozialarbeit anbieten zu können. Die Zusammenarbeit mit LehrerInnen und DirektorInnen gestaltete sich meines Erachtens als sehr schwierig und kompliziert. Hinzu kamen nicht zumutbare Räumlichkeiten, die den SchulsozialarbeiterInnen zur Verfügung standen (Büro neben Umkleidekabine des Turnsaals im Keller), Materialien, die für Klassenaktionen benötigt, nicht jedoch bereitgestellt wurden und Konkurrenzkämpfe mit BeratungslehrerInnen (keine klare Aufgabentrennung beziehungsweise konkrete Kooperationsform). Wieso wird an einer Schule bereits über zwei Jahre lang Schulsozialarbeit angeboten, wenn seitens des Direktors am Elternabend nur auf die Beratungslehrerin der Schule, nicht jedoch auf die SchulsozialarbeiterInnen hingewiesen wird? Wieso wird Schulsozialarbeit an diesen Schulen angeboten, wenn sie wenig bis gar nicht in Anspruch genommen wird? Diese Fragen wurden mir im Laufe meines Praktikums leider nie beantwortet.

3.1.4 Klassenaktionen/Übungen

Wie oben beschrieben, wurden in Klassenaktionen sozialpädagogische Übungen zu bestimmten Themen mit den SchülerInnen gemacht. Meines Erachtens ist es unbedingt notwenig, am Ende der Übungen darüber zu sprechen, was von den SchülerInnen und SchulsozialarbeiterInnen beobachtet wurde, welchen Sinn die Übung hat und weshalb diese überhaupt gemacht wurde. Wenn dies nicht der Fall ist - ich möchte an dieser Stelle anmerken, dass es nicht von allen MitarbeiterInnen der Schulsozialarbeit praktiziert wurde – wissen die SchülerInnen nicht, weshalb die Übungen gemacht werden und die SchulsozialarbeiterInnen wirken wie AnimateurInnen. Auch die Rücksprache mit den KlassenvorständInnen ist durchaus sinnvoll, diese sind bei den Klassenaktionen meistens anwesend (sofern nicht ein/e andere/r LehrerIn seine/ihr Unterrichtsstunden zur Verfügung stellt) und können ihre SchülerInnen aus einem anderen Blickwinkel sehen und wahrnehmen.

Es ist mir in einer Schule passiert, dass im Freien ein Spiel, bei dem durchaus Verletzungsgefahr bestand, gespielt wurde, jedoch von keiner/keinem der SozialarbeiterInnen eingegriffen wurde. Nach meiner Auffassung müssen Spiele pädagogisch angeleitet werden, anfangs kann auch selbst mitgespielt werden, später nimmt man sich dann aus dem Spiel heraus. Taucht ein Störfaktor auf (beispielsweise Verletzungsgefahr), würde ich eine Pause machen und die SchülerInnen darauf ansprechen. Störenden SchülerInnen, die ihr Verhalten trotz Ermahnung nicht ändern, kann zum Beispiel eine andere Aufgabe erteilt werden (SchiedsrichterIn).

4. Fotoprojekt

4.1 Einleitung

Im folgenden Kapitel wird das von mir im Berufspraktikum durchgeführte Projekt beschrieben. Es handelt sich hierbei um ein Fotoprojekt mit den SchülerInnen einer vierten Klasse Hauptschule, welche sich gegenseitig im Schulgebäude sowie auch im Freien fotografierten. Anschließend wurden mit den selbst ausgewählten Fotos individuelle Kalender von den SchülerInnen gestaltet sowie gemeinschaftlich Fotos für eine Fotoausstellung im Schulgebäude ausgesucht, gerahmt und aufgehängt. Dabei waren für mich vor allem Themenschwerpunkte wie das Medium Fotografie sowie die Selbst- und Fremdwahrnehmung der SchülerInnen zentral. Sowohl beim Prozess des Fotografierens als auch bei den anderen Tätigkeiten der SchülerInnen wurde im Zuge der Selbst- und Fremdwahrnehmung das Selbstbild, die Selbstsicherheit, die soziale Kompetenz, das Erkennen und Ausdrücken von Gefühlen, die Kommunikation und die Interaktion der SchülerInnen anhand der Gruppenarbeit bearbeitet und/oder gefördert.

Im nächsten Abschnitt werden oben genannte Schwerpunkte des Fotoprojekts theoretisch erklärt. Diese Schwerpunkte wurden allerdings nicht direkt mit den SchülerInnen besprochen. Sie leiten sich aus meinen Beobachtungen während des Projekts ab beziehungsweise sind sie die Begründung für die Durchführung des Projekts. Anschließend folgt eine detaillierte Projektbeschreibung.

4.2 Theoretisches Erklärungswissen

4.2.1 Das Medium Fotografie

In der heutigen Zeit wird überwiegend sprach- und textbezogen kommuniziert. Bei der Fotografie handelt es sich um ein Medium, durch welches eine andere Form der Kommunikation und der Gestaltung möglich wird. Man lässt Fotografien für sich sprechen und benützt diese für den Ausdruck des Selbst. Diesem persönlichen Ausdruck sind keine Grenzen gesetzt. Gefühle, Wahrnehmungen, Interessen, Sachverhalte und vieles mehr werden auf Fotografien sichtbar beziehungsweise erkennbar. Für die eine Person Wirklichkeit, für die andere Person abstrakt - durch den Ausdruck der Fotos „konstruiert das kreative Subjekt seine soziale Wirklichkeit (mit) und erfährt die Wirksamkeit des eigenen Handelns." (Holzbrecher 2004, S. 23) Durch das Fotografieren wird die Welt und man selbst gestaltbar, Selbstpräsentation wird möglich und das Bedürfnis nach Anerkennung wird bei einem gegenseitigen Austausch befriedigt. (vgl. Holzbrecher 2004, S. 23)

4.2.2 Selbst- und Fremdwahrnehmung

Überall da, wo Menschen aufeinander treffen und miteinander zu tun haben, entstehen Bilder in den Köpfen aller Beteiligten. Menschen beurteilen sich gegenseitig danach, welche Erfahrungen und Beobachtungen gemacht, welche Verhaltensweisen erkannt und welche Eindrücke gesammelt wurden. Oft passiert dies sehr voreilig und ohne das Einholen ausreichender Informationen über die andere Person. Selbst- und Fremdwahrnehmung beeinflussen die Beziehungen der Menschen und den Umgang miteinander. Situationen werden von sich selbst und dem Gegenüber unterschiedlich wahrgenommen. Das kann dazu führen, dass das Bild, welches jede Person selbst von sich hat, nicht mit dem Bild übereinstimmt, das die andere Person hat. Menschen machen sich gegenseitig nicht alle Informationen zugänglich, es wird versucht, bestimmte Teile der eigenen Persönlichkeit zu verbergen. Hinzu kommt noch der Bereich des Unbewussten, welcher ebenfalls auf das Gegenüber wirkt. Verallgemeinerungen und Vorurteile

können entstehen und das Wahrgenommene wird in gespeicherte Schemata eingereiht.

Dies gilt auch für Menschen, die uns bekannt sind, mit denen wir befreundet sind oder arbeiten. Selbst- und Fremdwahrnehmung passiert jeden Tag. Damit Menschen miteinander arbeiten können, wird ein bestimmtes Wissen benötigt – welche Absichten, Interessen und Motive hat mein Gegenüber? Wie werde ich von meinen Mitmenschen eingeschätzt?

„Eine realistische und angemessene Selbst- und Fremdwahrnehmung ist [...] Voraussetzung für sozial kompetentes Verhalten [...]." (Jugert/Rehder/Notz/Petermann 2007, S. 45)

Nicht zu vergessen sind hier nonverbale Kommunikationsabläufe, welche ebenfalls erkannt werden müssen. „Hierzu zählt das Interpretieren von Körpersprache und parasprachlicher Signale. Dies spielt innerhalb jeder sozialen Interaktion eine wesentliche Rolle, ist jedoch vielen [...] weder bewusst noch bekannt." (Jugert/Rehder/Notz/Petermann 2007, S. 45)

4.2.3 Selbstbild

Als Selbstbild wird das Wissen einer Person über sich selbst bezeichnet. Darunter fallen beispielsweise das eigene Verhalten, persönliche Einstellungen und Eigenschaften sowie die eigenen Gefühle und Stimmungen. „Das Selbstbild entwickelt sich sowohl durch die Wahrnehmung der eigenen Erlebnisse und des eigenen Handelns, als auch durch die Beurteilung anderer." (Jugert/Rehder/Notz/Petermann 2007, S. 45) Im engen Zusammenhang mit dem Selbstbild steht der Selbstwert, welcher unter anderem davon abhängt, was die Person von sich selbst hält.

4.2.4 Selbstsicherheit

Selbstsicherheit bedeutet, dass Menschen den Anforderungen des Alltags gewachsen sind, sich diesen ohne Angst stellen können, die Kontaktaufnahme und den Umgang mit anderen nicht scheuen. Selbstsicherheit setzt voraus, „sich selber gut zu kennen und sich in unterschiedlichen Situationen realistisch einschätzen zu können." (Jugert/Rehder/Notz/Petermann 2007, S. 70)

4.2.5 Soziale Kompetenz

Unter sozialer Kompetenz werden Fertigkeiten verstanden, die für den Umgang der Menschen miteinander erforderlich sind. Vorausgesetzt werden: „eine differenzierte soziale Wahrnehmung, eine komplexe soziale Urteilsfähigkeit und ein umfassendes Repertoire an sozialen Handlungsweisen. Die sozialen Fertigkeiten orientieren sich an den Anforderungen einer Situation, den Ressourcen und den persönlichen Bedürfnissen der Beteiligten, aber auch an gesellschaftlichen Normen." (Jugert/Rehder/Notz/Petermann 2007, S. 9)

Mit sozialen Fertigkeiten wie zum Beispiel Durchsetzungsvermögen, Selbstsicherheit und Kontaktfähigkeit wird für Menschen der Mittelweg zwischen sozialer Anpassung und dem Erfüllen eigener Bedürfnisse möglich. „Hinzu kommt, dass die Verhaltensweisen, die soziale Kompetenz ausmachen, altersabhängig sind, das heißt im Entwicklungsverlauf an Komplexität zunehmen [...]." (Jugert/Rehder/Notz/Petermann 2007, S. 9)

4.2.6 Erkennen und Ausdrücken von Gefühlen

Der eigene Umgang mit einer anderen Person ist immer abhängig davon, wie man sich selber fühlt und wahrnimmt und wie sich die andere Person verhält. Dazu ist das Erkennen, Interpretieren und Ausdrücken der eigenen Gefühle erforderlich, sowie das Wissen darum, dass die andere Person auch nonverbale Körpersignale zu erkennen gibt. Gefühle lassen sich „[...] am Gesichtsausdruck, an der Sprache, der Körperhaltung und der Bewegung sowie an der Haltung erkennen [...]." (Jugert/Rehder/Notz/Petermann 2007, S. 46)

4.2.7 Kommunikation

Menschen kommunizieren nicht nur mittels Lautsprache sondern auch mit der Körpersprache wie Mimik, Gestik und Haltung. Es ist nicht selbstverständlich, dass eine Person die andere sofort richtig versteht, oft kann es zu Missverständnissen kommen. Indem Menschen miteinander kommunizieren, aktiv zuhören, das Gesagte wahrnehmen und sich darüber austauschen (klare Informationen) beziehungsweise reflektieren, kann

Missverständnissen und Irrtümern vorgebeugt werden. (vgl. Jugert/Rehder/Notz/Petermann 2007, S. 64)

4.2.8 Interaktion

Unter Interaktion wird ein wechselseitiges Reiz-Reaktions-Schema zwischen einzelnen Menschen verstanden, die sich aufeinander einstellen, mittels wechselseitig bedingtem Verhalten, „indem die Aktivität des einen der Aktivität des anderen folgt bzw. von ihr angeregt wird [...]." (Fritz 1975, S. 9) Dabei muss den InteraktionspartnerInnen der Sinn der Handlung bekannt und bewusst sein. Bei der Interaktion werden Zeichen ausgetauscht und es wird wechselseitig auf Zeichen reagiert. Nicht zu verwechseln ist die Interaktion mit der Kommunikation, bei welcher Zeichen verwendet, wahrgenommen und interpretiert werden. Wenn Menschen aufeinander treffen, wird kommuniziert und interagiert. Sitzen beispielsweise mehrere Personen zusammen, eine weitere kommt dazu und möchte ein Foto von den anderen machen und eine der Beteiligten steht auf und geht, dann passiert hier Interaktion und Kommunikation. Die Personen reagieren aufeinander und sie teilen mit, was sie (nicht) möchten. (vgl. Fritz 1975, S. 10 f.) Es kommt hier darauf an, „den Austausch von und die wechselseitige Reaktion auf Zeichen in der direkten Begegnung zwischen Menschen wahrzunehmen, zu verstehen und zu verbessern [...]." (Fritz 1975, S. 12) Ferner ist noch anzumerken, dass Menschen nur dann fähig sind, in sozialen Situationen zu handeln, „wenn sie eine Identität entwickelt haben, d.h. ihre Handlungen an den eigenen Bedürfnissen und den Erwartungen der anderen ausrichten können." (Mikos 2008, S. 158)[1]

4.2.9 (Soziale) Gruppenarbeit

Von einer Gruppe wird dann gesprochen, „wenn mehrere Menschen zueinander in Beziehung treten, miteinander kommunizieren und sachbezogen zusammenarbeiten. Dieser Gemeinsamkeit liegt in der Regel eine für alle Gruppenangehörigen verbindliche Zielsetzung zugrunde." (Schmidt-Grunert 2002, S. 57) Wird von sozialer Gruppenarbeit

---

[1] Auf die Identitätsbildung wird in dieser Arbeit nicht eingegangen.

gesprochen, handelt es sich um die oben beschriebene Gruppendefinition, mit dem Zusatz, dass hier soziale Kompetenzen vermittelt, erweitert und gefestigt werden. (vgl. Schmidt-Grunert 2002, S. 63)

Soziale Gruppenarbeit ist viel mehr als oben genanntes, jedoch war das im folgenden Abschnitt beschriebene Fotoprojekt mehr eine Gruppenarbeit als eine soziale Gruppenarbeit. Gewiss wurden in diesem Projekt die oben erwähnten Schwerpunkte bearbeitet und gefördert, jedoch kann nicht von sozialer Gruppenarbeit im engeren Sinn gesprochen werden, da konkrete Problemstellungen der Zielgruppe nicht bearbeitet wurden. Aus diesem Grund wird hier nicht genauer auf die Definition sozialer Gruppenarbeit eingegangen.

4.3 Projektbeschreibung

4.3.1 Vorbereitungsphase

In der Vorbereitungsphase überlegte ich mir, welche Art von Projekt ich durchführen könnte. Da ich mit einer bestimmten Altersgruppe arbeiten wollte, stand fest, dass ich das Projekt in der von mir ausgewählten Hauptschule durchführen würde. Für mich war von vornherein klar, mit dem Medium Fotografie zu arbeiten, da ich mich selber viel mit Fotografie beschäftige, es ein Hobby von mir ist und mir dachte, dass die SchülerInnen Gefallen daran finden könnten und sie dafür leicht zu begeistern seien. Das anhand der Fotografie zu bearbeitende Thema war mir zu diesem Zeitpunkt noch nicht klar, ich schwankte zwischen Natur- und Menschenaufnahmen.

4.3.2 Initiierungsphase

In der Initiierungsphase sprach ich mit meiner Praktikumsanleiterin der Schulsozialarbeit über meine Projektvorstellungen. Im gegenseitigen Austausch schlug sie mir vor, das Fotoprojekt mit einer vierten Hauptschulklasse durchzuführen, da die Schulsozialarbeit sehr gut mit dieser Klasse und der Klassenvorständin zusammenarbeitete. Ich stimmte zu und entschied mich dafür, die Selbst- und Fremdwahrnehmung der SchülerInnen als Schwerpunkt für das Projekt zu nehmen. In Verbindung

damit standen für mich auch Themen wie Selbstbild, Selbstsicherheit, gegenseitiges Vertrauen, Partizipation, soziale Kompetenz, das Erkennen und Ausdrücken von Gefühlen, Kommunikation und Interaktion. All dies wollte ich anhand des Fotoprojekts bearbeiten beziehungsweise fördern. Zusätzlich wollte ich den SchülerInnen das Medium Fotografie näher bringen und sie ein Stück weit für dieses begeistern. [2]

4.3.3 Informationsphase

Die Praktikumsanleiterin und ich informierten den Direktor der Schule und die Klassenvorständin über meine Projektidee. Ich stieß bei beiden auf großes Interesse und traf mich später allein mit der Klassenvorständin, wo folgendes besprochen wurde:

Thematik des Projekts war die Selbst- und Fremdwahrnehmung der SchülerInnen, die Zielstellung, oben genannte Schwerpunkte zu bearbeiten beziehungsweise zu fördern und das Erstellen von individuellen Kalendern. Zielgruppe war eine vierte Hauptschulklasse bestehend aus neun Schülern und acht Schülerinnen, welche alle zwischen dreizehn und fünfzehn Jahren alt waren. Geplant wurden drei Tage (jede Woche einer) für das Projekt zu je drei Unterrichtsstunden á 50 Minuten, immer beginnend um 12:30 Uhr. An dem ersten Tag sollte fotografiert, an dem zweiten die Fotos ausgewählt und dem dritten die Kalender gestaltet werden. Die Klassenvorständin war während des gesamten Projekts immer anwesend. Die SchülerInnen, mit welchen das Projekt durchgeführt werden sollte, wurden vor Beginn gefragt, ob sie daran teilnehmen möchten - alle waren sofort begeistert. Von Seiten der Schule bekamen wir Kameras für das Projekt zur Verfügung gestellt. Dazu kam noch eine Kamera der Schulsozialarbeit und des Weiteren wurden die SchülerInnen gebeten, eigene Kameras mitzunehmen, sollten sie welche zu Hause haben. Die Finanzierung des gesamten Projekts übernahm die Schule. Weitere Details und Veränderungen des Projekts ergaben sich erst in der Durchführungsphase.

---

[2] Im oben angeführten Abschnitt „Theoretisches Erklärungswissen" wurde genauer auf die bearbeiteten Schwerpunkte eingegangen.

4.3.4 Durchführungsphase

In diesem Abschnitt wird der Ablauf der Projekttage genau beschrieben. Durchgeführt wurde das Projekt schließlich nicht an den geplanten drei, sondern an sechs Tagen:

Am 14.10.10 startete das Fotoprojekt - Teilnahme von 14 SchülerInnen (drei abwesend) mit acht Kameras, von denen drei Stück von der Schule bereitgestellt und die restlichen von den SchülerInnen mitgebracht wurden. Ich befestigte ein Plakat auf der Tafel, auf dem der Tagesablauf und die nächsten Projekttermine standen. Sie sollten den SchülerInnen zur Orientierung dienen. Ich stellte mich vor, da mich die SchülerInnen noch nicht kannten und fing an, Fragen zu stellen wie: wer von euch hat noch nie fotografiert und warum fotografiert man? Die SchülerInnen waren sehr zurückhaltend, eine Schülerin antwortete mir, dass Fotos Erinnerungen seien. Ich fragte, was man beim Fotografieren beachten soll und ein Junge tippte auf das Licht, woraufhin ich Fotos, die mit Blitz, Gegenlicht und Unschärfe von mir aufgenommen worden waren, an die Tafel hing und ein paar Worte zu jedem Bild sagte. Danach erklärte ich den weiteren Projektablauf, jeweils zwei Personen sollten sich zusammen finden und bekamen gemeinsam eine Kamera. Die SchülerInnen sollten für die Kamera sowie für ihr Gegenüber Verantwortung übernehmen. Auf Wünsche der/des Partnerin/Partners sollte eingegangen und Rücksicht genommen werden. Wenn jemand nicht fotografiert werden wollte (direkt von vorne), dann konnten auch andere Fotos gemacht werden, wie beispielsweise Aufnahmen von Fuß, Hand oder anderen Körperausschnitten. Ich sagte auch, dass wir die Klasse jederzeit verlassen könnten, wenn die SchülerInnen an einem anderen Ort fotografieren wollten. Alle waren während der gesamten Zeit sehr aufmerksam und ruhig.

Dann begannen wir, in der Klasse Aufnahmen zu machen. Ich hatte meine Kamera auch mit, und fotografierte die SchülerInnen in Aktion. Zu Beginn waren alle etwas zurückhaltend, doch nach ein paar Minuten wurden schon viele Fotos gemacht. SchülerInnen sprangen beispielsweise von Bänken und machten Luftaufnahmen oder fotografierten ihre Füße oder Hände. Nach

einer halben Stunde fragte eine Schülerin, ob wir nach draußen gehen könnten. Die ganze Klasse war von ihrer Idee begeistert. Die SchülerInnen wollten sofort zur Skateranlage, die sich neben dem Schulgebäude befindet. Dort angekommen, machten die Schülerinnen sehr viele Aufnahmen und diese mit vollster Begeisterung, sie blieben nicht nur in ihren Zweiergruppen, sondern fotografierten auch ihre KollegInnen (ohne Aufforderung meinerseits). Auch ich wurde gefragt, ob ich Fotos von den SchülerInnen machen könnte. Die Schulsozialarbeiterin war an diesem Tag auch beim Projekt anwesend und meldete mir später rück, dass es viele Einzelkontakte gegeben hatte, SchülerInnen suchten von sich aus das Gespräch mit ihr. Der Umgang untereinander war sehr wertschätzend, die SchülerInnen liefen, kletterten und genossen sichtlich die Bewegung. Nach einer dreiviertel Stunde wurde erkennbar, dass die SchülerInnen fertig waren mit dem Fotografieren. Sie schauten aufeinander und fragten, ob wir wieder zurück in die Klasse gehen könnten. Dort lud ich alle Fotos von den Kameras und in der Zwischenzeit spielte die Sozialarbeiterin mit den SchülerInnen ein Wortspiel an der Tafel.

Am 19.10.10 um 9:40 Uhr ging ich während des Unterrichts (Geografie bei Klassenvorständin) außerhalb der drei vereinbarten Projekttage in die Klasse, da beim letzten Mal drei SchülerInnen fehlten und auch von diesen Fotos benötigt wurden. Die SchülerInnen begrüßten mich voller Freude und ich erklärte, weshalb ich da war. Ich hatte zwei Kameras für die drei SchülerInnen mit. Ich ersuchte die Klasse, denen, die gefehlt hatten, zu erzählen, was beim letzten Mal gemacht worden war und welche Dinge beim Fotografieren zu beachten sind. Die Antworten kamen sofort von mehreren SchülerInnen. Ich erklärte, dass die drei SchülerInnen (ein Schüler war überhaupt ganz neu in die Klasse gekommen in dieser Woche) zwei Kameras bekämen und Fotos machen könnten. Der Vorschlag, in dieser Stunde die drei damals Abwesenden fotografieren zu lassen, kam von der Klassenvorständin. Es wurden einige Fotos gemacht, jedoch zaghaft und unsicher. Mit der Zeit wurde die Atmosphäre in der Klasse aufgelockerter und es entstanden einige Fotos. Am Ende der Stunde sammelte ich die

28

Kameras wieder ein und lud die Fotos herunter. Es wurden insgesamt (Fotos von allen SchülerInnen zusammen und mir) 1184 Fotos gemacht.

Danach zeigte mir ein Informatiklehrer der Hauptschule, wie man die Fotos auf das zentrale Computerlaufwerk der Schule stellt, damit jede/r darauf zugreifen kann. Dies benötigte ich für den nächsten Projekttermin, an dem die Fotos von den SchülerInnen für ihre Kalender ausgewählt wurden.

Ich erfuhr an diesem Tag auch, dass die Klassenvorständin und der Schulleiter gerne eine Ausstellung im Schulhaus mit Fotos des Projekts machen würden – die SchülerInnen wurden schon darüber informiert und gefragt, ob sie dies wollten. Ich beschloss, dass die SchülerInnen beim nächsten Projekttermin gemeinschaftlich 17 Fotos für die Ausstellung aussuchen sollten.

Am 21.10.10 um 12:30 Uhr gingen wir in den Informatikraum der Schule. Ich hatte ein Formular vorbereitet, welches ich den SchülerInnen austeilte und erklärte. Sie wählten zwölf Fotos, die sie für ihren Kalender haben wollten und zwei Fotos, die Vorschläge für die geplante Ausstellung waren, aus. Von den SchülerInnen kam der Vorschlag, noch ein dreizehntes Foto für das Deckblatt dazu zu nehmen, wir beschlossen, dass man ein dreizehntes Foto auf das Formular dazuschreiben konnte. Ich ging durch den Raum und half, wenn jemand Hilfe benötigte. Wenn jemandem ein Foto von sich nicht gefiel, konnte er/sie es mir mitteilen und es wurde dann von mir gelöscht - insgesamt wurden drei Fotos gelöscht. Nach dem Auswählen sammelte ich die Formulare ab und nachdem sich alle SchülerInnen von ihren Computern abgemeldet hatten, begann ich, die zwei ausgewählten Fotos jedes/jeder Schülers/Schülerin für die Fotoausstellung mittels Beamer auf der Leinwand zu zeigen. Die Klasse entschied sich dafür, mir mittels Aufzeigen zu signalisieren, wer für welches Foto stimmte und die Mehrheit entschied, welches Foto der zwei angezeigten für die Ausstellung verwendet wurde. Einmal entschied sich die ganze Klasse für eine Großaufnahme der Klassenvorständin, diese weigerte sich allerdings, das Foto für die Ausstellung herzunehmen. Ein Schüler sagte, dass er das nicht gut fände, da die Lehrerin auch zur Klasse gehöre. Die SchülerInnen und ich stimmten

ihm zu und es wurde daraufhin ein anderes Foto gewählt, auf welchem auch die Klassenvorständin zu sehen war. Auf einem der gewählten Fotos war eine Schülerin abgebildet, dieses gefiel allen sehr gut außer ihr selber. Sie wollte das Foto nicht ausstellen, wurde dann aber von allen überstimmt. Ich sprach die Schülerin darauf an und sie sagte, dass es ihr doch egal sei. Wir sprachen darüber, dass es doch spannend ist, dass sich jemand auf einem Foto nicht gefällt, andere dieses aber schön finden.

Alle SchülerInnen waren sehr aufmerksam und ruhig während des gesamten Prozesses, sie schauten sich die Fotos genau an. Als alle Fotos ausgewählt worden waren, fragte ich nach, wie es ihnen beim Auswählen ergangen sei. Als Rückmeldung kam, dass alles gut gepasst hat. Ich bedankte mich und gab der Klasse ein Feedback meinerseits (sehr zielorientiertes gemeinsames Arbeiten).

Am 28.10.10 um 12:30 Uhr ging ich mit den ausgewählten ausgearbeiteten Fotos und den Kalendern in die Klasse. Jede/r bekam einen Kalender und die persönlich ausgewählten Fotos und konnte individuell ihren/seinen Kalender gestalten. Während des Gestaltungsprozesses ging ich durch die Klasse und schaute den SchülerInnen zu. Ich wurde immer wieder gefragt, ob es passt würde, wie sie die Kalender gestalteten. An diesem Nachmittag fiel mir bei manchen SchülerInnen das erste Mal auf, dass sie sehr klare Anweisungen brauchten, die langsam mitgeteilt wurden, da sie sonst leicht überfordert waren. Anfangs saßen alle SchülerInnen auf ihren Plätzen und klebten Fotos in ihre Kalender. Nach einiger Zeit gingen sie durch die Klasse und beobachteten die anderen. Sie schauten sich gegenseitig zu und ahmten einander nach, wenn ihnen etwas besonders gut gefiel. Ich wurde immer wieder mit „Frau Lehrerin" angesprochen, erklärte den SchülerInnen allerdings, dass ich keine Lehrerin bin. Mit der Zeit wurde ich nicht mehr mit Frau Lehrerin angesprochen. Als alle Kalender fertig gestaltet waren, sammelte ich sie wieder ein, da die SchülerInnen die Kalender am Tag der Fotoausstellung als Abschlussgeschenk bekommen würden. Ich sagte den SchülerInnen noch, dass ich gerne eine Rückmeldung im Bezug auf das durchgeführte Projekt von ihnen haben würde und teilte ihnen hierfür ein

Blatt aus, auf welchem sie frei aufschreiben konnten, was ihnen gefallen oder nicht gefallen hat. Alle SchülerInnen beteiligten sich daran.[3]

Außerdem wurde noch der Ablauf der Fotoausstellung und Präsentation am 18.11.2010 geplant.

Am 4.11.2010 um 12:30 Uhr ging ich mit den Postern und den Bilderrahmen in die Klasse. Bevor wir starteten, fragte ich die SchülerInnen, ob jemand von ihnen gerne ein paar Sätze bei der Fotoausstellung sagen möchte. Ein Schüler meldete sich und erklärte sich bereit dazu. Danach fingen alle an, die Poster zu rahmen. Manche kamen zu mir und baten mich dabei um Hilfe. Zwei Poster waren sehr ungenau gerahmt, ich ersuchte die SchülerInnen, es noch einmal zu rahmen. Die Jugendlichen waren sehr kooperativ und arbeiteten gut zusammen. Ein Schüler hatte Probleme beim Einrahmen, eine Mitschülerin half ihm jedoch sofort dabei. Als alle Poster gerahmt waren, gingen alle in den Informatikraum, um dort Einladungen für die Ausstellung zu gestalten. Die Klassenvorständin wollte, dass nur zwei bestimmte SchülerInnen die Einladung für alle GästInnen gestalten, als ich jedoch sah, dass alle SchülerInnen originelle Einfälle hatten, sprach ich die Lehrerin darauf an, dass es unfair den anderen gegenüber wäre, nur die eine Einladung zu nehmen. Daraufhin durften alle SchülerInnen ihre eigene Einladung gestalten und diese ihren Eltern mitbringen. Für die anderen eingeladenen Personen (SchülerInnen, LehrerInnen, Schulsozialarbeiter-Innen, FH Studierende und Vortragende) der Fotoausstellung wurden zwei verschiedene Einladungen gedruckt. Die SchülerInnen zeigten mir ihre Einladungen auf den Bildschirmen und fragen mich immer wieder, ob ihre Einladungen schön seien.

---

[3] Die Ergebnisse befinden sich im Abschnitt „reflexive Projektauswertung"

Am 18.11.2010 um 12:30 Uhr wurden die gerahmten Fotos von den SchülerInnen aufgehängt. Es kamen mehrere Eltern (zwischen zehn und fünfzehn) und zwei LehrerInnen zur Präsentation des Fotoprojekts und eine Mutter richtete Brötchen für die Ausstellung her. Ein Schüler begrüßte alle Anwesenden ganz herzlich und sagte, dass der Klasse das Projekt sehr viel Spaß gemacht habe. Danach bedankte er sich bei mir und überreichte mir einen Blumenstock. Ich stellte das Projekt kurz vor und bedankte mich bei allen Beteiligten. Danach bedankte sich der Schulleiter bei allen und sprach sich sehr für das Projekt aus. Anschließend übergab ich den SchülerInnen die Kalender und wir gingen alle zusammen in den Gang und betrachteten die Fotos. Eine große Begeisterung war auch seitens der Eltern spürbar. Zwei Lehrerinnen sprachen mich an und sagten, dass solche Projekte sehr wichtig seien, da sie eine gute Alternative zum Regelunterricht darstellten. Später versammelten sich alle in der Klasse, es wurden gemeinsam die gestalteten Kalender angesehen, sich unterhalten und zwei SchülerInnen teilten die Brötchen aus. Die Projektbeschreibung und ein paar Fotos wurden auf die Homepage der Schule gestellt.

Abschließend ist noch anzumerken, dass ein Foto, auf welchem ein Stern durch je zwei Finger von fünf SchülerInnen zu sehen ist, von der Schulsozialarbeit Kärnten für Weihnachtskarten verwendet werden wird. Die beiden Künstlerinnen freuten sich sehr darüber und waren außerordentlich stolz darauf.

4.4 Reflexive Projektauswertung

Wie schon zu Beginn der Durchführungsphase erläutert wurde, dauerte das Fotoprojekt länger, als es ursprünglich geplant war (sechs anstatt von drei Tagen). Dies ergab sich durch die Abwesenheit von drei SchülerInnen, sowie der anfangs nicht vorgesehenen Fotoausstellung. Die Abwesenheit der SchülerInnen war eine große Herausforderung, da der zweite (für mich künstlich erzeugte) Fototermin nicht so richtig von den SchülerInnen angenommen wurde, was durchaus verständlich war. Ist weiß jedoch nach wie vor nicht, welche Alternative möglich gewesen wäre. Vielleicht wäre eine Auflockerungsübung vor dem Fotografieren hilfreich gewesen. Meines Erachtens war die von mir vorgenommene Alternative zielführend, da somit auch Fotos von den damals Abwesenden entstanden und diese auch später für Kalender und Ausstellung verwendet wurden.

Die Organisation der Fotoausstellung war möglich, da ich sehr bald mit meinem Projekt begonnen hatte und dadurch noch genügend Zeit zur Verfügung stand. Ich bin sehr froh darüber, dass diese Ausstellung stattfand, da den SchülerInnen somit die Gelegenheit geboten wurde, sich selbst zu präsentieren und einen Raum innerhalb der Schule zu gestalten.

Meines Erachtens wurden mehr Ziele erreicht, als anfangs geplant, erwartet und erhofft. Um dies zu verdeutlichen, werde ich einige Ergebnisse meiner SchülerInnenbefragung auflisten:

Was hat dir an dem Fotoprojekt gefallen?[4]

♦ Mir hat alles gefallen, ich fand es super toll. Am besten fand ich den Kalender zu machen.

♦ Es war immer ein toller Tag. Die Fotos sind sehr gut und schön. Wir haben immer gelacht.

♦ Dass es uns alle mehr zusammen geschweißt hat und dass alle wieder einmal so richtig gelacht haben.

♦ Lustig, Sport, aufregend, draußen

---

[4] Die folgenden Antworten stammen aus der anonym durchgeführten Befragung. Es handelt sich hier um wörtliche Zitate der Jugendlichen.

- Die Zusammenarbeit der Klasse, dass wir unserer Fantasie freien Lauf lassen durften. Dass wir eine Erinnerung an die Klasse haben. Der Spaß
- Mir hat gefallen, das mit dem Fotografieren im Freien und auch in der Klasse und wir unseren Kalender selber gestalten durften.
- Das Fotografieren, das Herstellen der Kalender, Bilder aussuchen am PC
- Man hat sich die Fotos selber aussuchen können und einen Kalender daraus machen können.
- Dass solche Projekte gemacht werden. Dass ich die Klasse etwas kennen lernen konnte.

Was hat dir an dem Fotoprojekt nicht gefallen?
- Dass es bald vorbei ist.[5]

An diesen Ergebnissen wird für mich sehr deutlich, dass die von mir gesetzten Schwerpunkte, welche im Abschnitt „Theoretisches Erklärungswissen" beschrieben wurden, auch bearbeitet und/oder gefördert wurden. Die SchülerInnen standen während des gesamten Projekts fast immer in Beziehung zueinander, sie haben aufeinander Rücksicht genommen und miteinander darüber gesprochen, wie es sich anfühlt, fotografiert zu werden.

Zudem haben sie sich während des Fotografierens und auch bei den Gestaltungsprozessen danach selbst wahrgenommen und auch ihre MitschülerInnen wurden beobachtet, besser oder anders kennen gelernt als bisher. Vielleicht konnten durch diese andere Art von Wahrnehmung Vorurteile abgebaut und neue Informationen über die MitschülerInnen gewonnen werden. Gerade in dem Alter der Zielgruppe verändert sich der Körper ständig, man ist mit dem eigenen Aussehen meistens wenig zufrieden. Durch die Fotos konnten sich die SchülerInnen aus einer anderen Perspektive sehen.

Es war ihnen auch möglich, sich aus dem Prozess des fotografiert Werdens heraus zu nehmen, sie konnten sich zurückziehen, einfach nur zusehen oder auch aus einem Versteck heraus fotografieren.

---

[5] Das war die einzig negative Rückmeldung.

Aufgrund der festgelegten Zweiergruppen wurde niemand ausgeschlossen und die SchülerInnen bekamen das Gefühl, was es bedeutet, Verantwortung für jemanden zu übernehmen, für jemanden da zu sein und auf die Wünsche der anderen Person einzugehen.

Auch das Gemeinschaftsgefühl wurde in diesem Projekt gestärkt, da alle ein gemeinsames Ziel hatten und dieses miteinander erreichen wollten. Durch den Prozess des Gestaltens und auch durch das Ergebnis danach wurde mehr Selbstsicherheit erlangt, da man selber etwas geschaffen hatte und dafür Anerkennung bekam. SchülerInnen, die sehr introvertiert waren und nicht gerne sprachen, konnten sich durch die Fotografie (anders) ausdrücken, sich selbst präsentieren, ohne Worte dazu benützen zu müssen. Vorrangig war auch der Spaß, den die SchülerInnen in ihrer Bewertung beschrieben, er lockerte sie auf.

Die Anwesenheit der Klassenvorständin war in diesem Projekt weder störend noch unangenehm, da das Verhältnis zwischen ihr und den SchülerInnen ausgezeichnet war und die SchülerInnen auch von ihr die gewünschte Aufmerksamkeit und Anerkennung bekamen und durch sie motiviert wurden.

Von Seiten der Klassenvorständin und der Schulsozialarbeiterin wurden mir perfekte Organisation, struktureller Ablauf, Motivation der SchülerInnen, tolle Zusammenarbeit und Bedürfnis Orientierung rückgemeldet.

Für mich war bemerkenswert, dass sich die SchülerInnen am Nachmittag noch so gut konzentrieren und aufmerksam mitarbeiten konnten. Mir fiel außerdem auf, dass mich viele der SchülerInnen gerne als Ansprechperson gehabt hätten, dazu allerdings die Ressourcen fehlten. Ich bemerkte ein starkes Mitteilungsbedürfnis sowie das Bedürfnis nach Aufmerksamkeit seitens der SchülerInnen.

Durch Projekte wie dieses wird es möglich, mit den SchülerInnen in Beziehung zu treten und gegenseitiges Vertrauen aufzubauen. Dadurch, dass die SchülerInnen die Möglichkeit hatten, sich frei zu bewegen, wurde auch der Zugang für jede einzelne/jeden einzelnen zur Schulsozialarbeiterin und mir niederschwelliger beziehungsweise einfacher. Bei Klassenaktionen, in welchen mit allen SchülerInnen gemeinsam in einem Raum Übungen

gemacht werden, ist dies nicht der Fall. Ich erlebte während meines gesamten Praktikums nie, dass sich einzelne SchülerInnen während Klassenaktionen an die SchulsozialarbeiterInnen wandten. Es wäre meiner Meinung nach angebracht, öfter derartige Projekte durchzuführen, um oben Beschriebenes zu erreichen.

Für mich persönlich war dieses Projekt eine große Bereicherung. Es war das erste Mal, dass ich mit einer Gruppe Jugendlicher zu tun hatte und ich durch das Projekt die Möglichkeit bekam, einen Teil ihrer Persönlichkeit und ihrer Lebenswelt kennen zu lernen. Obwohl sie mich vorher nicht kannten, wurde ich bereits nach einer Stunde angenommen sowie um Hilfe und Anerkennung gebeten. Darüber freute ich mich sehr, denn es hätte auch passieren können, dass ich von den Jugendlichen nicht akzeptiert worden wäre und sie nicht mit mir gearbeitet hätten. Meiner Einschätzung nach wurde ich akzeptiert, weil ich zum einen authentisch war und zum anderen immer versuchte, mit den SchülerInnen auf gleicher Augenhöhe zu sein, mich in sie hineinzuversetzen, auf ihre speziellen Bedürfnisse einzugehen, sie und ihr Tun wertzuschätzen sowie ihnen mit Würde und Respekt entgegenzutreten. Dies verbunden mit der Möglichkeit, selbst etwas gestalten zu können, ist für mich der Grund, dass mein Projekt ein voller Erfolg für alle Beteiligten war.

5. Reflexion des gesamten Praktikums

In den ersten Wochen des Praktikums ging es mir nicht gut, da die Schule noch nicht angefangen hatte beziehungsweise in den ersten Schulwochen wenig Kontakt zu den SchülerInnen bestand. In den letzten vier bis sechs Wochen meines Praktikums war es mir möglich, aktiv und selbständig mitzuarbeiten, mein Wissen zu erweitern und herauszufinden, dass ich sehr gerne mit Kindern und Jugendlichen arbeitete. Dies war vor allem ein Grund dafür, weshalb ich mich für das Praktikum bei der Schulsozialarbeit entschied, da man nirgendwo sonst mit so vielen Kindern und Jugendlichen zu tun hat.

Ich bin sehr dankbar dafür, dass das Team der Schulsozialarbeit Kärnten auch aus SozialpädagogInnen besteht und ich mir dadurch ein völlig neues Wissen aneignen konnte, nämlich das Arbeiten in Gruppen anhand von verschiedensten Übungen und Spielen. Mir war vorher nicht bewusst, dass man spezielle Themen mittels Übungen bearbeiten kann und es somit auch möglich wird, sich mit vorhandenen Problemen nicht nur in Einzelsettings, sondern auch in Gruppen auseinanderzusetzen. Dies wurde bisher nicht an der Fachhochschule gelehrt.

Ich lernte die Tätigkeiten der SchulsozialarbeiterInnen ausführlich kennen und konnte mein Wissen sowie meine Kompetenzen erweitern. Ich wurde vom gesamten Team respektiert, gut aufgenommen und auf meine Fragen erhielt ich (fast) immer Antworten, die für mich verständlich waren. Auch hatte ich immer die Möglichkeit, mich mit jemandem auszutauschen und Situationen zu reflektieren. Sehr begeistert und fasziniert hat mich die Teamkultur der Schulsozialarbeit - der Umgang miteinander war immer wertschätzend und freundlich. Sehr positiv und wichtig war für mich die gemischt geschlechtliche Arbeit an den Schulen, da sich die SchülerInnen entscheiden konnten, ob sie sich lieber einer Frau oder einem Mann anvertrauten.

Auch wenn der Arbeitsaufwand für mein Projekt sehr groß war, bin ich froh über die Erfahrungen, die ich dabei machen durfte. Außerdem konnte ich hier völlig selbständig mit den Jugendlichen arbeiten, was mir vorher nicht möglich war. Ich lernte mich selber besser kennen und traue mich auch zu behaupten, dass sich meine Selbst- und Fremdwahrnehmung während des gesamten Praktikums sehr verändert hat.

Ich möchte noch hinzufügen, dass es meiner Meinung nach Schulsozialarbeit an jeder Schule geben sollte.

6. Zusammenfassung

Durch die vorliegende Arbeit, in welcher das Pilotprojekt Schulsozialarbeit Kärnten beschrieben, ein Einblick in meine Tätigkeiten und somit auch in die Tätigkeiten der SchulsozialarbeiterInnen gegeben und anhand einer Projektbeschreibung auch ersichtlich wurde, was Schulsozialarbeit alles beinhaltet und beinhalten kann, zeigt sich für mich sehr deutlich, wie bedeutend Schulsozialarbeit ist. Nur an den Schulen besteht die Möglichkeit, Zugang zu so vielen Kindern und Jugendlichen zu bekommen. Die SchulsozialarbeiterInnen sind diejenigen, die weder Schulwissen vermitteln noch Leistungen beurteilen müssen. „Schulsozialarbeit setzt sich zum Ziel, Kinder und Jugendliche im Prozess des Erwachsenwerdens zu begleiten, sie bei einer für sie befriedigenden Lebensbewältigung zu unterstützen und ihre Kompetenzen zur Lösung von persönlichen und/oder sozialen Problemen zu fördern." (Drilling 2009, S. 14)

Hinzu kommen auch noch die Beratungen von LehrerInnen und Eltern/Erziehungsberechtigten sowie die Kooperation mit der Jugendwohlfahrt und die Vernetzung mit anderen sozialen Einrichtungen.

Die bisherigen Evaluationsergebnisse zeigen, dass der Bedarf an Schulsozialarbeit in Kärnten durchaus gegeben ist. Nächstes Jahr wird sich entscheiden, was mit dem Pilotprojekt Schulsozialarbeit Kärnten geschehen wird. Ich hoffe sehr, dass die Schulsozialarbeit weiter bestehen bleibt, denn es wäre meines Erachtens sehr zum Nachteil aller, diese qualitativ sehr hochwertige Arbeit nicht mehr anbieten zu können. Neben der Finanzierung und einem (bereits vorhandenen) qualifizierten Team ist dafür vor allem Voraussetzung, dass die Schulen, die das Privileg haben, Schulsozialarbeit anbieten zu können, auch wirklich ernsthaft mit dieser zusammenarbeiten.

Literaturverzeichnis

Anonyme/r VerfasserIn (2007): Konzept der Schulsozialarbeit Kärnten. Unveröffentlichtes Manuskript

Braun, Karl-Heinz/Wetzel, Konstanze (2006): Soziale Arbeit in der Schule. München

Drilling, Matthias (2009): Schulsozialarbeit. Antworten auf veränderte Lebenswelten. Bern

Eggert, Johannes/Ganzer, Jutta (2010): Unser Leitbild. Kärnten

Fritz, Jürgen (1975): Interaktionspädagogik. Methoden und Modelle. München

Holzbrecher, Alfred (2004): Den Bildern auf der Spur. Fotoprojektdidaktik als kommunikativer Prozess. In: Holzbrecher, Alfred/Schmolling Jan (Hrsg.): Imaging. Digitale Fotografie in Schule und Jugendarbeit. Wiesbaden, S. 11 - 31

Jugert, Gert/Rehder, Anke/Notz, Peter/Petermann, Franz (2007): Soziale Kompetenz für Jugendliche. Grundlagen, Training und Fortbildung. Weinheim und München

Mikos, Lothar (2008): Symbolischer Interaktionismus und kommunikatives Handeln. In: Sander, Uwe/Gross, Friederike von/Hugger, Kai-Uwe (Hrsg.): Handbuch Medienpädagogik. Wiesbaden, S. 156 - 159

Schmidt-Grunert, Marianne (2002): Soziale Arbeit mit Gruppen. Eine Einführung. Freiburg im Breisgau

9 783656 173267